# MJAOS

# LILLA RÖDA

Ett Värdegrundsavtal på 21 punkter mellan

en Människa och en Katt.

# MJAOS
# LILLA RÖDA

Ett Värdegrundsavtal på 21 punkter mellan

en Människa och en Katt.

Eva Sjölund och Maurice Wrang

Förlag: BoD – Books on Demand, Stockholm, Sverige
Tryck: BoD – Books on Demand, Norderstedt, Tyskland
ISBN: 978-91-8057-972-8

Ett varmt tack till alla mjaoister som jag har mött under de senaste 20 åren.

Katten Gustav, som inte längre kan dela med sig av sina tankar. Den spanska flyktingkatten Listiga Lisa som kämpar med att fostra sin nya familj. Sixten the Cat, som satte guldkant på varje dag, och alla andra nätkatter.

Men framför allt, ett ödmjukt tack till alla mina egna katter, den röde äventyraren Mille, bröderna Affe och Arne, Lidingö-divan Kajsa, soffpotatisen JumJum, Rutiga Katten Jellico, Vimsiga Katten Joyce, Obalanserade Katten Mini, Ylleätaren Minus, Hittekatten Peppsi och den Magnifike Siamesen Maurice, ordförande i KVP(m) och min samarbetspartner i det här projektet.

Ni har alla gjort mig till en bättre människa, väl medveten om alla mina tillkortakommanden, fel och brister.

*"Ingenting är längre som förut. Alla gamla sanningar är slut. Alla gamla sånger, de är vals, och stämmer inte alls"*, så beskrev trubaduren och låtskrivaren Anders Fugelstad livet sommaren 1970.

Det har gått 50 år sedan dess. Jag är betydligt äldre men kan ärligt säga att jag inte tycker att någonting har förändrats till det bättre. Att vara eller bli KRÄNKT! har blivit något av en svensk paradgren, samtidigt som antalet missnöjda och oerhört upprörda människor har ökat i samma takt som nya sanningar har förvandlat gamla sanningar till något som en helt vanlig människa bör akta sig för att ens komma ihåg.

Det från början så fria och ansvarslösa samtalet med okända på sociala medier är numera lika farligt som att ge sig ut på minerad mark där varje steg kan bli ditt sista och det personliga samtalet där du kan se den du talar med i ögonen blir allt mer sällsynt.

7

Hur ska en sån som jag kunna hitta Den Rätta Vägen? Hur ska jag bära mig åt för att navigera utan att gå på grund i nutiden, så att jag inte ertappas med uttalanden eller gärningar som tillhör fel värdegrund? Hur gör jag det, innan det är för sent?

Är det ens tillåtet att ha en åsikt, utan att kunna uppvisa intyg på en vidhängande, godkänd värdegrund?

Jag blir både rädd och osäker och sammankallar därför familjen till ett gemensamt möte, för att lägga upp riktlinjerna till en gemensam och acceptabel värdegrund som håller för granskning från både höger och vänster.

Här och nu och tillsammans.

Maken suckar och mumlar något om värdeavgrunder, Dottern tittar uttråkat ut genom fönstret, Katten gäspar och Hunden verkar redan ha somnat under matbordet.

"Men, det är mycket viktigt", säger jag. "Man vet aldrig vad som kan hända om det plötsligt dyker upp en Värdegrundsmyndighet med värdegrundskontrollanter. Riskerna med att ertappas med en felaktig eller oriktig värdegrund verkar vara oöverskådliga."

"Trams! Men håll på ni, det blir säkert bra", säger Maken och går ut i garaget.

Dottern säger att hon inte ser värdet i att diskutera värdegrund med en Hund och en Katt, och går in på sitt rum och gömmer sig bakom en vägg av musik.

Hunden snarkar och drömmer om friheten utanför ytterdörren.

"Det blir visst bara du och jag", säger jag och tittar på Katten som spinner och ställer villkor.

"Till att börja med kanske vi ska reda ut några detaljer. Du är människa och därmed höger och jag är självklart vänster eftersom jag är katt!"

"Lägg av", säger jag. "Vänstern skapades av kommunister som Louis Blanc, Karl Marx och Friedrich Engels som vad jag vet var människor. Jag tror att det var någon av dem och inte en katt som myntade uttrycket, '*Av var och en efter förmåga – åt var och en efter behov*'. Vilket i och för sig låter vackert och säkert är det också, teoretiskt sett. Men om vi sedan lägger till orden '*Kapitalets makt måste brytas för att demokratin skall kunna fördjupas och breddas. De rättigheter som springer ur ägandet måste begränsas och ägandet i sig övergå till gemensamma former*', så känns det genast lite nervöst för oss som investerat i ett eget boende."

"Jag är fullständigt övertygad om att de du hänvisar till levde tillsammans med en eller flera katter, men det kommer kanske som en nyhet för dig att det var katterna som lade grunden till det som ni människor i dag kallar för kommunism eller vänstersocialism", säger Katten och ler överlägset. "Katter är alltså alltid vänster. Mjaoismen är lika djupt rotad i våra gener som socialismen hos de mest övertygade och högst avlönade socialdemokraterna, miljö- och vänsterpartisterna.

Men att alla katter är vänster betyder däremot inte att vi på något sätt tänker på samma sätt som människorna som agerar politiskt under samma etikett. Långt därifrån, en katt är alltid sig själv närmast, även om den ständigt agiterar för fullständig jämlikhet, allas lika värde och allas lika rättigheter.

Den mänskliga, politiska vänsterns ledare söker makten i första hand för sin egen försörjning och i andra hand för att kunna fördela återstoden av tillgångarna lika mellan dem som de befriat dem ifrån. Katten för sin del struntar i både makten och fördelandet om den bara får det den anser sig ha rätt till – livslång försörjning och omvårdnad utan krav på motprestation.

Jag vet att det finns de som har svårt att se skillnaden, men ur ett kattperspektiv anses orden "av var och en efter förmåga" enbart handla om människans förmåga att försörja en katt och "åt var och en efter behov" enbart handla om kattens behov.

Är du bara medveten om det kommer du och jag att kunna leva på samma villkor och som jämlika individer, i ett konfliktfritt förhållande där vi solidariskt delar på tillgångarna. Men det beror naturligtvis helt på vad du menar med orden SOLIDARISKT, JÄMLIKT och DELAR?

Eller, med andra ord, vad du är villig att avstå från för att din katt ska få leva i det paradis där alla får det de behöver. Du får leva i illusionen att du äger en katt, och katten får gratis mat, husrum, sjukvård och ett kravlöst, bekvämt liv.

Men om du accepterar det så är jag helt övertygad om att vi har alla förutsättningar för att komma fram till en gemensam värdegrund.", avslutar Katten och gör sig osynlig på en för människor helt oförutsägbar plats.

Jag ska tänka på saken, säger jag, lite förvirrat, och skriver MJAOISTER och MJAOISM i en alldeles ny, röd anteckningsbok.

# Punkt 1.

## Lika värde, likvärdighet, värdegrund?

"Vad menas egentligen med lika värde? Hur blir vi likvärdiga och vad är en värdegrund?" frågar jag Katten, som svarar att det är något som jag får förhålla mig till i egenskap av människa.

"Att vara katt är synonymt med att ha rätt värdegrund", hävdar han.

Så jag vänder mig till Google och upptäcker att en värdegrund helst ska formas under möten i särskilda värdegrundscirklar och dokumenteras så att alla inblandade kan förhålla sig till samma "vision"? Att "arbeta med värdegrunden" verkar vara en modern term för att fostra medborgare, personal och elever att följa ett givet budskap. En överläkare i psykiatri skrev till och med en dikt i samband med värdegrundsarbetet – "Fromma, tomma, äro orden, floskler kan ej vårdkris stilla, bara storligen förvilla".

Helst ska arbetet också resultera i någon form av offentlig slogan eller ställningstagande, som till exempel den brosch med budskapet "Tillsammans mot hot och våld" som personalen på ett sjukhus fick till hjälp mot våldsamma patienter och deras bekanta. Eller som armbandet med budskapet "Sluta tafsa" som skulle förena alla i kampen mot sexuellt våld.

"Hjälpte det?" frågar Katten intresserat.

"Jag tror att det räcker med att göra så gott man kan", säger jag lite uppgivet. "Det verkar förskräckligt dyrt att satsa på en heltäckande värdegrund! För 10 år sedan talades det om att satsa 90 miljoner kronor på att '*implementera värdegrunden i äldreomsorgen*' och sedan beräknades det kosta ytterligare 80 miljoner årligen. Just nu verkar det som om resultatet blev dödligt otillräckligt. Vi får nog begränsa oss till vanliga värdegrunds-principer och hoppas att det räcker."

# Punkt 2.

## Värdegrundsavtal.

"Om vi ska skapa gemensamma värdegrunds-principer värda namnet, måste vi ingå ett Samarbetsavtal", säger Katten. Vi har helt klart olika värderingar, men även tillsammans är vi i minoritet, vilket innebär att vi måste bestämma hur vi ska både kunna samarbeta med varandra och överlista de andra."

"OK, vad ska vill kalla samarbetet för? Samarbetsöverenskommelsen? Förkortat till SÖ?"

"Åh mänskliga enfald", suckar Katten. "En samarbetsöverenskommelse är en överenskommelse mellan två eller flera parter och inget annat. Du kan kalla den för överenskommelsen och förkorta till ÖK om du vill, men då kommer alla att tro att det handlar om hästar."

13

"Men oavsett hur vi gör så är vi ju ändå i minoritet i förhållande till Maken, Dottern och Hunden?"

"Hunden kan vi alltid räkna med om vi frestar med en Hemlig Överenskommelse som innehåller tomma löften om resterna från våra middagar. Maken är så lättlurad att jag lätt kan kontrollera honom och Dottern får du ta hand om."

"Aha!" säger jag och skriver ner rubriken HÖ under rubriken ÖK som står under rubriken SAMARBETE i min anteckningsbok.

Katten suckar.

"Ett 73-punktsprogram, verkar vara någon slags norm?" försöker jag. Men då har Katten redan ajournerat mötet och försvunnit.

14

# Punkt 3.

## Höger eller Vänster?

"En sak ska du ha klart för dig", säger Katten. "Du kanske tror att det är stor skillnad på värdegrund och värdegrund beroende på om den är socialistisk eller borgerlig. Men om jag ska bidra till att du får den formella makten över Värdegrunden så ska den ovillkorligt vila på KVP(m):s värdegrunds-principer".

"KVP(m)?"

"Katternas Vänsterparti (mjaoisterna), ska det vara så svårt att komma ihåg det?" suckar Katten uppgivet.

Jag skriver ner "MJAOS lilla röda?" i min egen lilla röda och hoppas på det bästa.

# Punkt 4.

## Arbete.

"*Gör din plikt, kräv din rätt*", är ett citat som vår förre statsminister brukade använda sig av när han talade om individens eget ansvar för att bli anställningsbar", berättar jag för Katten, när han sent omsider återvänder till förhandlingsbordet. "Vi måste ha med Arbete som en punkt på vårt samarbetsprogram."

15

Katten stelnar till och ser nästan uppstoppad ut.

"Arbete!" morrar han och fäller ner öronen så att det ser ut som om han har en liten mössa på huvudet. "Katter arbetar INTE! Till och med den mänskliga vänstern står bakom att man inte ska behöva ta ett arbete till vilket pris som helst och att priset för arbete alltid är för högt. En sann mjaoist har aldrig arbetat och kommer aldrig att arbeta. Men, att alltid tvingas BE om självklara bidrag eller rättigheter är ju också en form av arbete. Glöm inte det!

Det är DU som ska göra din plikt så att JAG får mina rättigheter tillgodosedda. Du har ett arbete och en trygg inkomst, jag bör väl i jämlikhetens namn ha ett visst inflytande över hur den ska fördelas?"

"Men alla katter har inte hem som erbjuder full försörjning utan motprestation", invänder jag. "En del katter har faktiskt inga hem alls och tvingas bo mer eller mindre permanent på överbelagda katthem."

"Det är en stor skam", fräser Katten. "Jag kräver att du sätter den här frågan högt upp bland våra punkter. Verkligt rika människor och alla arbetsgivare ska tvingas betala en särskild Katt-Skatt till förmån för utsatta katter i medellösa familjer. Ett Katt-Bidrag!"

"Men hundarna då?" undrar jag med tanke på Hunden som ligger och sover under förhandlingsbordet.

"Hundar? Hundar ska naturligtvis arbeta för sin försörjning. Försvara familjen, bita skurkar, valla boskap och motionera människor. Katter gör nytta bara genom att FINNAS.

Se bara hur bra du mår. Det är helt och hållet min förtjänst. Tänk dig ett land utan katter, kostnaderna för psykvården skulle stiga till ofattbara höjder", spinner Katten och rullar ihop sig i soffan. Men precis när jag tror att han har somnat öppnar han ett öga och säger, "när det gäller arbete så bidrar jag visst. Har du inte tänkt på hur rent, rymligt och fint det är på fönsterbrädorna i alla rum? Det är MITT bidrag till den allmänna trevnaden."

Jag antecknar KATT-BIDRAG och KATT-SKATT i min röda bok och försöker koppla av och njuta av mitt psykiska välmående.

# Punkt 5.

## Rättigheten till ägande måste begränsas och ägandet övergå till gemensamma former.

"Om alla som har förmåga att öppna sitt hem för en Katt gör det, så skulle det inte behövas några hem för hemlösa katter", funderar Katten. "Ingen människa som saknar Katt borde få lov att äga en bostad."

Han fiskar till sig en bit ost från min lunchtallrik och fortsätter, "Hemlöshet är den yttersta formen av fattigdom och social utsatthet. Rätten till bostad är en grundläggande rättighet!"

"Äsch, det där har du stulit från Vänsterpartiets partiprogram."

"Och? Det mesta har de ju i alla fall stulit från de ursprungliga Mjaoisterna. Till exempel att rättigheten att äga bostäder som inte härbärgerar ett antal hemlösa katter bör begränsas och ägandet bör övergå till gemensamma boenden för människor och katter. Det vill säga att all egendom bör vara tillgänglig för de katter som behöver eller gör anspråk på den."

"Men alla människor som är allergiska mot katter", invänder jag. "Vart ska de ta vägen om det ska bo en eller flera katter i varje bostad?"

"Du sa det själv alldeles nyss", säger Katten och ler lite ironiskt. "Katter som inte passar in någonstans bor på Katthem, eller hur? Vad sägs om ett kollektivt Folkhem, ett alternativ för dem som inte en enda katt vill dela bostad med? Skriv upp det som viktig punkt."

Jag skriver lydigt upp det, innan jag sätter på kaffet som jag för ögonblicket känner ett starkt behov av.

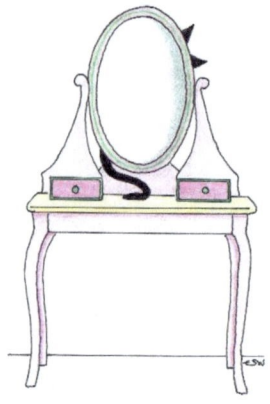

18

# Punkt 6.

## Ekonomisk fördelning av de gemensamma tillgångarna.

"Vi kan inte bortse från att dina behov är helt beroende av min förmåga att tillgodose dem", säger jag strängt till Katten. "Det är faktiskt jag som betalar för räkorna på räkmackan, även om du tycker att du är generös när jag bara får behålla hälften.

Vi människor är alltså förutsättningen för er överlevnad. Utan vårt ekonomiska samarbete skulle ni gå under, eller hur? Vi måste absolut ha en punkt som handlar om den ekonomiska fördelningen av våra gemensamma tillgångar."

"Käbbel, käbbel", fnyser Katten. "Det är vi som sitter på gullighetskapitalet och det strategiska tänkandet. Att leva tillsammans med katter är en FÖRMÅN. Du berikar dig på vårt gullighetskapital och om du inte uppfyller dina förpliktelser gentemot oss är du förlorad, eftersom du kommer att krossas av de folkliga protesterna om dina försummelser hamnar på sociala medier."

"Vad vet DU om sociala medier?" undrar jag.

"Du har verkligen ingen aning om vad en katt kan åstadkomma på Instagram eller YouTube?", säger Katten förvånat. "Människor ÄLSKAR gulliga och personliga katter och hatar dem som behandlar dem illa. En del människor kan till och med försörja sig med hjälp av bilder och filmer på sina supergulliga familjemedlemmar."

"Säger du det!" säger jag och granskar intresserat min samarbetspartner som ser allt annat än gullig ut när han svarar, "Glöm det! Stryk bara punkten om ekonomisk fördelning!"

Jag skriver; försök hitta ett annat sätt att formulera ekonomisk fördelning av gemensamma tillgångar?

# Punkt 7.

## Hälso- och sjukvård, del 1.

"Eftersom värdegrundsarbete är viktigt inom hälso- och sjukvård är det nog bra om vi ägnar lite tid åt ämnet", säger jag och försöker låta som att jag begriper vad jag säger.

"Jag lyssnar", gäspar Katten och vässar klorna på den nya soffan, vilket gör att Hunden vaknar och jagar ut honom i hallen, där han parkerar sig på fönsterbrädet, som är kliniskt rent från krukväxter och annat onödigt.

Jag traskar efter samtidigt som jag läser högt om vad 6 av 7 universitetssjukhus har uppgett vara deras värdegrund. Jag vill inte belasta Katten med Karolinska Universitetssjukhusets värdegrund, som enbart består av samtliga existerande klyschor och floskler, alla bestående av självklarheter, där motsatsen skulle vara rent kriminell.

Men de övriga 6 har i sitt värdegrundsarbete kommit fram till att det kännetecknas av orden *"Skickliga, ödmjuka och långsiktiga. Ständigt bättre – patienten alltid först. Det finns utvecklande perspektiv för patienten, medarbetaren och organisationen. Tillsammans – för patienten, med patienten. Välkomnande, drivande, omtanke och respekt. Attraktivitet, handlingskraft och goda livsvillkor. Professionalism, engagemang, laganda och stolthet"*.

"Det är alltså vad vi bör förvänta oss att få om vi blir sjuka", förklarar jag pedagogiskt.

"Inte om man är Katt", säger Katten bittert, eftersom han ännu inte har förlåtit mig för den enda natt som han har tillbringat hemifrån. "Jag upplevde det inte som att jag var sjuk. Snarare tvärtom. Jag mådde alldeles utmärkt innan jag plötsligt vaknade upp inlåst i en bur i något som verkade vara ett kattfängelse."

"Det var inte så kul när jag hamnade på sjukhus heller", påpekade jag. "Visserligen gjorde personalen sitt bästa för att leva upp till kraven på professionalism, engagemang och laganda, men det där med utvecklande perspektiv, ödmjukhet, handlingskraft och goda livsvillkor lyste verkligen med sin frånvaro innan jag kom så långt. Men jag är nöjd ändå."

"ALLT handlar inte om DIG", suckar Katten samtidigt som han hoppar ner från fönsterbrädet och försvinner ut genom ytterdörren tillsammans med Hunden.

"Vi fortsätter väl i morgon?" ropar jag, men får inget svar.


# Hälso- och Sjukvård, del 2.

"Kom igen nu", säger jag till Katten. "Vi måste prata lite mer om det här med sjukvård om vi ska kunna få till en anständig värdegrund."

"Trååååååååååkigt!" gäspar Katten "Vi kan väl ha en punkt om kartonger i stället."

"Kartonger?" säger jag förvånat. "Vi kan väl inte ha med kartonger som en av våra punkter i Samarbetsavtalet? Det är ju helt galet. Vet du eller vet du inte att alla katter inte har det så bra som du som har en privat sjukvårdsförsäkring. Jag skulle nästan kunna påstå att du har en snabbare, effektivare och lättåtkomligare vård än vad jag själv har."

"Ok, vi tar kartongerna som nästa punkt", suckar Katten uttråkat. "Jag lyssnar."

"Många katter dör i onödan eftersom deras människor inte har råd att betala för en behandling som kunde ha räddat deras liv", berättar jag. "Men de som betalar för en egen sjukvårdsförsäkring kan få den vård de behöver med undantag för en viss självrisk. Till skillnad från människor som vacklar hem efter en operation med dimmiga begrepp om vad läkaren ordinerat, får katter (och andra djur) också en mapp med Hemgångsråd med sig hem. Det är en skriftlig och utförlig beskrivning om hur och varför de behandlats, resultatet efter behandlingen och hur de ska behandlas i hemmet under konvalescensen."

"Fick jag det?" undrar Katten. "Och stod det verkligen att du skulle låsa in mig i sovrummet så fort jag kom hem? Utan välkomstmiddag?"

"I ditt fall stod det klart och tydligt, katten har fått narkos och ska vara i lugn och ro, inte för varmt och inte för kallt, tills han är helt vaken och stadig", svarade jag och ryser lite vid minnet av hemkomsten.

För redan vid hämtningen förstod jag att det skulle bli besvärligt med vakenheten. Vår utbrytarkung hade redan

23

gjort sitt bästa för att montera ner kattburen samtidigt som han överöste personalen med väl valda, otryckbara okvädningsord. En av djurvårdarna sa tröstande, "han är nog bara förvirrad av narkosen. Han somnar nog så fort ni sätter er i bilen".

Han hade fel. Inte vet jag vad de använde för narkos på djursjukhuset, men jag hade själv behövt lite av det han fick för att orka med konvalescenten som, efter en mardrömsresa hem där vi tvingades lyssna till hans högljudda förbannelser från baksätet, verkade vara i sitt livs form så fort han kom ut i friheten i hemmet, där han omedelbart spred innehållet i vattenskålen och kattlådan över golvet och sig själv, brottades med Hunden och klättrade på bord, stolar samt utförde sina vanliga balansövningar i bokhyllan.

Det var en viss skillnad mot när jag själv kom hem efter att ha genomgått en mindre operation.

"Nästa gång jag blir sjuk ska jag försöka få en tid hos veterinären i stället", säger jag till Katten.

"Då får du nog lov att skaffa en sån där privat sjukvårdsförsäkring som alla katter borde ha", menar Katten. "Annars kanske du också dör i onödan om du inte har råd att betala för behandlingen?"

"Alla som betalar skatt betalar för sjukvården", berättar jag pedagogiskt. "En fungerande sjukvård ingår i den skatt som vi betalar på det arbete vi utför och den gäller också för dem som av någon anledning inte kan betala någon skatt samt för dem som av någon anledning vistas i landet utan att ha råd att betala för sin egen vård. Men vill vi verkligen

24

gardera oss så kan vi dessutom också betala mycket mer för en privat sjukvårdsförsäkring som, precis som din, kan ge snabbare och säkrare tillgång till vård för ytterligare en avgift."

"Det låter som om du blir lite lurad här", mumlar Katten.

"Om ALLA betalar för sin, och alla andras, rätt till vård, varför betalar då en del mer för att verkligen få samma vård samtidigt som en del får sjukvård utan att betala någonting, medan andra inte får någon vård alls trots att de betalat hela livet?"

"Det ÄR lite komplicerat och handlar nog mest om tillgång och efterfrågan i förhållande till faktiska vårdplatser och antalet anställda. För dem som är äldre är det besvärligt eftersom vården i första hand ska gå till arbetsföra människor och barn och avgifterna för privatvård är alldeles för höga för de flesta äldre. Men det finns de som anser att det ska vara förbjudet att betala för att få vård för att det ska bli rättvist i köerna till den allmänna vården."

"Komplicerat? Helt obegripligt skulle jag vilja påstå. Tänk bara på vilka risker detta system medför för alla katter med bara en enda medmänniska, som kanske dör i onödan i en vårdkö! Dessutom så verkar det ju som om du får sämre tillgång till bättre vård ju äldre du blir!"

"Det försätter ju mig i en fullständigt livsfarlig situation! Skriv upp att alla katter, och kattansvariga, ska ha en privat sjukvårdsförsäkring så vi kan komma vidare med viktigare punkter. Kartonger till exempel."

Jag öppnar min lilla röda bok och skriver AVDRAGSRÄTT FÖR PRIVAT SJUKVÅRDSFÖRSÄKRING FÖR KATTER OCH KATTÄGARE.

# Punkt 8.

## Kartonger.

"Tycker du verkligen att kartonger hör hemma bland värdegrundspunkterna?" frågar jag. "Du kan väl inte påstå att kartonger är en del av mjaoisternas grundprinciper?"

"Enfaldiga människa", suckar Katten. "Kartonger är lika viktiga för oss i KVP(m) som lågavlönade eller arbetslösa arbetare är för den mänskliga vänstern. Utan dem återstår bara garderober för oss och medelklassen för dem och hur skulle det se ut? Utan kartonger, ingen kamp, det finns det vetenskapliga belägg för!"

"Lägg av!" försöker jag avfärda Kattens påståenden, men får delvis ge mig när Google levererar bevis på vad en holländsk forskargrupp vid universitetet i Utrecht kommit fram till, "Katter håller sig varma, sänker sin stressnivå och samlar kraft inför överraskande attacker på sina byten eller motståndare, om de har tillgång till en lämplig papplåda."

"Där ser du", säger Katten. "Nu kanske du inser varför frågan om kartonger är så central i mjaoisternas ideologi. Vi KRÄVER helt enkelt fri tillgång till kartonger av alla storlekar i alla hem!"

"Jaja", säger jag. "Det är dina grundprinciper och inte mina. Men nu begriper jag varför Katter verkar trivas där det är trångt och eländigt. I min garderob till exempel. Jag viker mödosamt ihop mina kläder, och får dem över mig och på golvet bara för att du lagt beslag på utrymmet bakom. Men det är ju alltid lika roligt att se vad som finns."

"Där ser du själv, det är du som får lida om jag inte får tillgång till ett nödvändigt antal kartonger. Men det är också DU som måste tillhandahålla kartongerna, eftersom du har förmågan och jag har behovet", svarar Katten, och får därmed, som vanligt, sista ordet.

Jag skriver in KARTONGER som en punkt i Samarbetsavtalet.

# Punkt 9.

## Jämlikhet och jämställdhet.

"Det är lätt att blanda ihop orden jämlikhet och jämställdhet, men båda orden har helt klart mycket stor betydelse när det gäller Värdegrunden", förklarar jag för Katten. "Jämlikhet innebär att alla människor, oberoende av politisk, social eller ekonomisk bakgrund, bör behandlas på samma sätt. Jämställdhet däremot avser att män och kvinnor har samma rättigheter och att ingetdera könet diskrimineras."

"Ett samhälle för alla, det låter bra men verkar inte fungera lika bra som det låter", säger Katten lite överlägset. "Men när det gäller individernas lika värde är vi katter fullkomligt jämlika och jämställda. Vi utklassar er människor på alla områden eftersom det inte finns en enda katt som sorterar andra katter efter kön, färg, födelseort, ålder, utbildning, social status, kändisskap, sexuell läggning eller eventuella funktionshinder."

Jag erkänner motvilligt att han har rätt. En gammal, ärrad katt med tveksam bakgrund och utan fast bostad kan vara lika attraktiv som en ung, bildskön överklasskatt med eget rum och dokumenterade anor sedan generationer tillbaka. Det blev vi varse när vår dyrbara raskatt ihärdigt ratade de av oss utvalda fästmännen, bara för att under ett obevakat ögonblick inleda ett rykande hett förhållande med bondgårdens mest nötte älskare med ett öra och bettskadad, krokig svans. I stället för en god utdelning på de pengar vi satsade på en välmeriterad älskare, resulterade det hela i 5 svarta olyckor som vi, i stället för att få rikligt betalt för, fick be vänner och bekanta att förbarma sig över.

Alldeles gratis.

"Det är alltså människan som sätter ett pris på en katt för att höja sin egen status. Katten själv vet att den, till skillnad från människan, är ovärderlig", genmäler Katten och ler lite försmädligt. "Precis som människan också värderar och sätter pris på sina medmänniskor för att höja sin egen makt och status, eller hur?"

# Punkt 10.

*"Kultur ska vara till för alla, inte bara en lyx för några få, därför måste den också vara gratis, som motvikt till högerns kapitalistiska syn på kultur"*, läser jag från Vänsterpartiets politikprogram. "Kultur är alltså jätte-, jätteviktigt, eftersom det avgör vilka som är fina och bildade människor med en oklanderlig värdegrund och vilka som är vanligt folk som får vara med och finansiera kulturarbetarna i deras viktiga arbete."

"Sanningen är att katten ÄR kultur", svarar Katten, "och eftersom katten är kultur så bör ALLA ta ansvar för minst en katt för att få möjlighet att ta del av den förändrande kraft som bidrar till att människor blir medvetna om sig själva och om samhället."

Därför är det också så viktigt att alla katter får leva fria, obundna och utan krav samt *"att de varken underkastas censur, ideologier eller kommersialism"*.

Konsten och kulturen hade inte existerat om inte katterna hade visat vägen. De första trevande mänskliga konstverken på grottornas bergväggar är garanterat inspirerade av spåren efter en klovårdande katt. En konstform som katten än i dag flitigt ägnar sig åt. Gärna på en soffa, helst ny och helst i äkta läder.

Den som någon gång hört en katt ge uttryck för sin kärlekslängtan hyser inte heller några tvivel om varifrån människans längtan efter att uttrycka sig musikaliskt stammar. Varför skulle annars finalerna i Melodifestivalen sändas under katternas kärleksmånader på våren? Vad är väl operans alla arior, om inte genomträngande rop på KÄRLEK eller ljudliga uttryck för HUNGER efter det som saknas för stunden?

Men som alla vet, kan kulturen också delas upp i fin- och ful-kultur. Fin-kultur är att klösa mönster i ovan nämnda soffa, att kräkas på en ärvd, dyr och ovärderlig matta i stället för något simpelt, billigt från Ikea och att, vid tretiden på natten, högljutt ge uttryck för existentiell ångest över meningen med livet och en plötsligt upplevd känsla av ensamhet, tungt ansvar och en existentiell hunger som endast kan stillas med leverpastej.

Ful-kulturen – katternas motsvarighet till revy, varieté eller så kallad buskis - kan skapas av något så enkelt som en billig papperskasse från Coop och en annan katt.

Artisten – katt nummer ett – gör sig osynlig i papperskassen och rör sig hotfullt över golvet, samtidigt som en annan katt försiktigt cirklar runt den dolda artisten. H*n nosar och petar försiktigt för att framkalla prasslande ljud som ger artisten en möjlighet att förmedla en känsla av rädsla och respekt. Sedan tar den andra katten sats och landar på kassen och försöker gräva ut det som döljer sig inuti.

Men när kassen väl är tom måste en annan katt krypa in i den för att se vad katt nummer ett hade för sig där inne, och då förvandlas genast katt nummer ett till en annan katt och petar försiktigt på den prasslande kassen, innan h*n tar sats och så vidare.

Detta framträdande kan återupprepas i all oändlighet till stor glädje för alla inblandade.

32

Otaliga är de kända författare som låtit sig inspireras av en eller flera katter. Till exempel T S Eliot, Ernest Hemingway, Joyce Carol Oates, Margaret Atwood, Steven King, Truman Capote och Doris Lessing.

Även svenska kulturpersonligheter har eller har haft ett nära samarbete med en katt under sin karriär – Jan Troell, Edit Södergran, Stig Larsson och Nils Uddenberg för att nämna några.

Också inom konsten är katten en vanlig inspirationskälla. Från de forntida egyptiernas statyer av kattgudinnan Bastet till dagens internetkändiskatt Grumpy Cat har katterna haft en ledande position.

"Så är det", säger Katten överlägset. "När ni människor hackade in era första huvudfotingar på grottväggarna, hade vi katter redan lagt grunden till allt det som ni nu kallar för Kultur. Skriv upp det!"

Jag skriver, MÄNNISKOR ÄR INTE SÅ ÖVERLÄGSNA SOM DE TROR och ALLA BÖR FÖRSÖRJA OCH TA AN-SVAR FÖR MINST EN KATT.

"Bra så?"

"Helt OK!"

33

# Punkt 11.

## Lag och ordning.

"Har du några särskilda åsikter om lag och ordning?" frågar jag.

"Om jag har!" fräser Katten och burrar upp sig. "Katter ska kunna känna sig trygga oavsett var de bor. Därför är det viktigt att snarast möjligt göra något åt katternas utsatthet i samhället. Ny lagstiftning krävs med hårdare straff för den som överger, plågar eller missköter en katt. Eller något annat djur. För en återfallsplågare bör det innebära livstids förvaring, minst."

"Det är väl ändå att ta i?" tycker jag.

"Säg inte det", genmäler Katten. "Den som sparkar, misshandlar eller plågar katter, eller andra djur, kommer förmodligen inte att visa särskilt stor hänsyn mot svagare människor heller. Du ser till exempel ganska orkeslös ut. Hur skulle du tänka om det var dig som någon ville sparka fotboll med, eller elda upp?"

"Även om du kanske inte tror det, så drabbas också människor av den här typen av våld", säger jag och ryser vid blotta tanken, samtidigt som jag inser varför vi har installerat ett larm i den gemensamma bostaden. "Men det verkar vara svårt att få det att upphöra?"

"En helt ny värdegrund krävs inom detta område", fortsätter Katten, som är så upprörd att han hoppar upp på bordet. "Att ansvara för en katt ska klassas som en FÖRMÅN! Vanvård av katt bör ha fängelse som lägst i straffskalan, medan de som lever upp till sina skyldigheter borde belönas med sänkt skatt och/eller rabattkuponger på kattmat!"

"Och vem ska se till att den värdegrunden efterlevs, har du tänkt?" säger jag lite spydigt och tänker på alla sårbara, hemlösa människor som ingen egentligen ägnar en tanke på om de inte finns inom synhåll."

"KATTINSPEKTIONEN! Det måste naturligtvis utbildas kattinspektörer, med mångårig vana och med minst en katt i hemmet, i varje kommun."

"Det kan du nog glömma", mumlar jag och gömmer tidningen med rubriker om att barn rånar, misshandlar och förnedrar andra barn. "Men du har rätt i att det krävs fler som värnar om de minsta och mest försvarslösa i samhället."

"Det var ju det jag sa", säger Katten upprört. "Värna om katterna, skriv upp det!"

Jag antecknar, VÄRNA OM DE FÖRSVARSLÖSA på sidan 11 i min lilla röda.

# Punkt 12.

Manifestationer, demonstrationer och aktivism.

Katter är, som tidigare har nämnts, alltid förfördelade.

Alltid!

Antingen tvingas de vara ofrivilligt inomhus eller ofrivilligt utomhus. Bakom eller framför varje stängd dörr i ett katt- försett hem står det alltid en upprörd katt och beklagar sig. Därför kräver KVP(m) att Sverige snarast bör införa en ny kattskyddslag som ger alla katter rätt att leva på sina egna villkor i bostäder med separata kattingångar så att onödigt dröjsmål inte uppstår när katten vill ut eller in.

Maten är alltid slut, försenad, inte tillräcklig eller Någon Annans. Katten är inte bjuden när De Rika frossar, utan är totalt rättslös och den bekvämaste sovplatsen är alltid upp- tagen av en självisk människa.

Katten för ständig kamp emot hungerns kval och bojor, med det tydligt uttalade målet att den sista och den avgö- rande striden ska handla om att alla kylskåp ska förses med en bekväm kattlucka.

Katter, i stad, på landet

en gång skall jorden bliva vår.

... där ser en kattägare genast den ursprungliga texten och det underliggande budskapet:

Upp Katter uti alla stater,

som hungern bojor lagt uppå.

37

Det dånar uti rättens krater,

snart ska utbrottets timma slå.

Störtas skall det gamla snart i gruset.

Katt stig upp för att slå dig fri!

Från mörkret stiga vi mot ljuset,

från intet allt vi vilja bli.

En fet, bortskämd katt är solidariskt lika mycket ett offer för "hungerns bojor" som vilken katt som helst. Detta är ett budskap som tacksamt har kapats av vänsterpolitiken och fackföreningsrörelsens representanter. Det ser vi varje år den första maj, då de välnärda företrädarna, som påstår sig att ha störst förmåga att fördela behoven, manar till "kamp emot kvalen" för att få tillgång till hela kylskåpet OCH skafferiet.

Katter har hög integritet och tolkningsföreträde i alla lägen, är coola, kreativa, fria men också oerhört lättkränkta. Alla dessa egenskaper, tillsammans med en inbyggd vuvuzela, ett antal sylvassa tänder och fyra välslipade klor på varje tass, gör katten till en fullfjädrad aktivist som ständigt demonstrerar mot livets alla orättvisor.

"Så sant! Jag har inget att tillägga", spinner Katten belåtet.

När Katten var en yngling med öronbedövande röstresurser som ständigt, oavbrutet och entusiastiskt hamnade i konflikt med oss, hunden eller grannskapets andra katter gav han vid ett tillfälle ett tydligt bevis på att katter har medfödda revolutionära anlag.

Men jag måste erkänna att jag blev både förvånad och lite skrämd när jag mötte den lille aktivisten med träskaftet till en odiskad, vass grillkniv mellan tänderna.

"Vart i hela världen är du på väg?" undrade jag och rusade efter och hoppades att ingen skulle komma till skada.

"Det är min ensak!" signalerade han och försvann in under trappan med sitt livsfarliga vapen.

En situation som vi löste med lika mycket våld från båda sidor och i likhet med liknande situationer i verkliga livet, så var det bara jag, som försökte förhindra våldet, som blev skadad under den striden.

"Det där var väl onödigt att ta upp i det här sammanhanget", väser Katten och knycker missbelåtet med svansen, "Det var länge sedan och rätten att ta till väpnat våld i protester mot upplevda oförrätter har ingenting med värdegrundsarbetet att göra."

Jag antecknar att eventuella privata motsättningar och tidigare konflikter bör lämnas utanför samtalen i Samarbetsavtalet.

# Punkt 13.

## Miljö.

*"Mat ska ätas, inte slängas"* – det är så viktigt för miljön att det till och med finns med på ett av våra riksdagspartiers hemsida. Tyvärr saknas tillägget – "utan bör fördelas bland behövande katter" – vilket gör min egen katt mycket upprörd.

När jag sedan förklarar att de vill använda den största delen av matavfallet som förnybart bränsle till bilar och bussar, förklarar han bestämt att det partiet inte är riktigt vänster, eftersom det inte har katternas bästa för ögonen.

"Ett förvirrat mänskligt vänsteralternativ utan insikt om vad som bör prioriteras för att uppnå full jämlikhet."

"Full jämlikhet? Med vilka?" undrar jag.

"ALLA! En kattanpassad miljö utan bilar och bussar innebär vinster för ALLA", hävdar Katten bestämt och jag inser det lönlösa i att ta upp frågan om full jämlikhet för småfåglar och gnagare.

"Men jag har läst att det går åt lika mycket mat för alla hundar och katter i USA som för 62 miljoner människor och att de i snitt äter mer kött per kilo kroppsvikt än en människa. Hur kan du se det som ojämlikt? Dessutom skriver de att människan bör äta de biprodukter från köttproduktionen som nu hamnar i husdjursmaten och helst välja sällskapsdjur, som kan ersätta hundars och katters ställning i samhället. Till exempel akvariefiskar som lever på växtbaserat foder eller minigrisar som kan äta oätliga rester."

"Utan katter, och till viss del också hundar, blir människans liv fullständigt meningslöst", suckar Katten. "Dessutom har JAG hört att hästar och kor också bör förpassas till historiens skräphög eftersom deras fisande är klimatförstörande och eftersom ALLA rovdjur är köttätande så ska väl de och de vilda, fisande, gräsätande djuren också bort? Så då blir det bara oduglig och destruktiva människor, akvariefiskar och minigrisar kvar."

Katten ser deprimerad ut. "Det där med miljöengagemang verkar ju vara fullständigt livsfarligt för alla som går på fyra ben."

"Nu överdriver du väl en hel del", säger jag tröstande. "Miljö handlar ju om mycket mer än bara mat."

"Är du helt korkad? Det finns väl inget viktigare än MAT!" morrar Katten, knycker irriterat med svansen och lämnar demonstrativt rummet för att gå ut i den grönskande miljön utanför dörren.

41

I marginalen på sidan 13 i min lilla röda, skriver jag att en stor del av miljösamtalen bör handla om kattmat.

# Punkt 14.

## Religion.

När de forntida egyptierna upphöjde katterna till gudar gav de dem rätten att värdera människan efter sina egna behov. Därför finns det inget annat djur som behållit så mycket av sin ursprungliga värdighet och integritet som katten. I Egypten ansågs katten vara ett heligt djur och de gamla faraonerna ansåg dem vara så heliga att de byggde den gigantiska Sfinxen som ett exempel på dess gudomliga status.

Att döda en katt var förenat med dödsstraff, även om det skedde genom en olyckshändelse, och i det gamla Egypten visade ägarna sin stora sorg över en avliden katt genom att raka av sig ögonbrynen.

"Det var som sjutton!!" utbrister Katten imponerat och sneglar intresserat på mina ögonbryn. "Det känns som en stor förlust att behöva missa den synen."

"Inbilla dig ingenting, sååå sörjande kommer jag aldrig att bli!"

Eftersom katterna redan anser sig ha gudomlig status tror de, i likhet med prästerna, prostarna och biskoparna i Svenska Kyrkan, mer på sig själva, sitt eget förhållande till omvärlden och sitt eget värde än på någon osynlig, gudomlig överhet.

Det finns till och med en berättelse om hur en katt hjälpte till att rädda Noaks Ark från att bli överfylld med råttor och fruktbarhetsgudinnan Freja hade katten som favoritdjur och en vagn som drogs av Katterna Hogne och Tovner.

"Det sista var väl ändå att ta i", suckar Katten som inte skulle lyfta en tass för att medverka i något som kräver fysisk ansträngning.

Katter kräver alltså att bli dyrkade och eftersom de också verkar tro på reinkarnation så är de helt övertygade om att de som behandlar katter illa kommer att återfödas som möss.

Det påstår i alla fall min katt, när jag undrar varför han springer ut och mördar stackars oskyldiga möss direkt efter frukost.

"Men varför måste du alltid lägga resterna på dörrmattan?" klagar jag.

"Bara som en liten påminnelse om hur det kan bli om du inte sköter dig", säger Katten menande.

"Då vill jag påminna dig om att det fanns en tid då katter var Djävulens ondskefulla sändebud och fördömdes som satanistiska här i Sverige", berättar jag. "Särskilt svarta katter har förknippats med olycka och otur och sågs som bevis på att de kvinnor som de bodde hos var häxor som skulle brännas på bål. Än i dag finns det människor som spottar

43

tre gånger när en svart katt korsar deras väg för att ta bort oturen som den för med sig."

"Det finns verkligen ingen gräns för vilka vanföreställningar ni människor kan drabbas av", suckar Katten och lägger sig medlidsamt i mitt knä för att sova middag och jag inser att om kattliv var en religion så skulle jag genast ansluta mig till den.

Ta ingenting för givet, påminner jag mig själv med en liten anteckning i min lilla bok.

# Punkt 15.

## Sömn.

*"När du väcker en tiger, använd en lång pinne"*, skrev Mao Tse-Tung i sin lilla röda, men även den som delar sitt hem med en mer normal katt bör helst helt låta bli att väcka sin sovande kamrat.

Katter sover nämligen mellan 16 och 18 timmar per dygn och till skillnad från oss människor anser de att det är den produktivaste tiden på dygnet, den så kallade ARBETSTIDEN. Vilket bevisar att katten, långt innan den mänskliga vänstern ens kom på idén om 6-timmars arbetsdag, både uppfann och genomförde lagen om 6-timmars vakentid.

Jag är helt övertygad om att Oscar Wilde var kattägare när han myntade det odödliga citatet, *"Att inte göra något alls är det svåraste i världen, det svåraste och det mest intellektuella"*, vilket är en självklarhet för varje katt.

När katterna till synes inte gör någonting alls, planerar de hur de ska genomföra den Stora Revolutionen där samhället och människorna som skapat det, slutligen formas runt ett gemensamt ideologiskt mål, Kattens välbefinnande.

Det är också då de forskar, tänker och löser svårlösliga problem.

"Människor har ett väldigt ohälsosamt förhållningssätt till sömn", beklagar sig Katten, som ibland får tillbringa natten instängd i gästrummet. "Ni är totalt oförstående inför behovet av en lättare måltid någon gång mellan midnatt och den ordinarie frukosten, som i de flesta fall serveras nästan oförsvarligt sent."

"Jo, jag vet", suckar jag uppgivet.

"Det är inte ens tillåtet att konversera eller underhålla under den tiden heller", fortsätter Katten missnöjt. "Vanliga vardagsbestyr som inventering av garderoben eller bortsortering av onödiga prylar från byråer eller fönsterbräden verkar också vara förbjudna av någon anledning?"

"Nej, och jag är inte särskilt intresserad av att bli betraktad som en kattsäng eller annan möbel heller", säger jag, men då har Katten redan lämnat rummet för att ta sig en eftermiddagsslummer i soffan.

# Punkt 16.

## Trygghet.

"Trygghet är en förutsättning för ett jämlikt samhälle. Därför ska tryggheten öka i hela landet", lovar vårt för tillfället största parti.

Alternativet till trygghet är hopplöshet, hävdar det mänskliga Vänsterpartiet.

"Samhället är till för oss alla. Inte bara för de som har kontakter och kommer från rätt familj."

Det bästa receptet mot hopplösheten är att i konkret handling visa att det går att förändra hopplösheten till framtidstro, men hittills har ingen kommit på något bättre förslag än att låta det regna miljoner till mer eller mindre önskade välfärdsreformer för de mest hopplösa medborgarna.

"Katter och kattbidrag till dem som saknar katt?" undrar Katten. "Och, naturligtvis, obligatoriska kattluckor på ytterdörrar, skafferier och kylskåp."

"Nja, inte riktigt", mumlar jag. "Det handlar nog mest om gratis glasögon till barn, sommarjobb till unga, lekvänliga skolgårdar vid otrygga skolor, gratis bussresor och fritidsaktiviteter till arbetslösa unga och fler anställda i sjukvården och omsorgen. Något som lätt kan finansieras med högre skatt för de rikaste och deras förmögenheter. En del som är rika verkar inte ha en aning om hur mycket de kan bidra med, men representanterna för den mänskliga vänstern brinner av längtan efter att lära dem det."

"Är du en sån som inte vet om att du är rik?" frågar Katten misstänksamt. "Behöver jag oroa mig för att någon ska komma och fördela dina tillgångar på ett sätt som inverkar menligt på min tillgång till kattmat och övrig välfärd?"

"Jag tycker inte det", säger jag. "Men, ärligt talat så vet jag inte. Det beror på hur man ser det, hur man räknar, vad som räknas och vem som ser och räknar. I stort sett ser jag mig som en mycket rik människa, men då räknar jag med hela familjen, min livssituation och allt som vi har och gör gemensamt. När det gäller skulder och tillgångar är jag rädd för att jag inte är särskilt nutidsanpassad."

"Jösses", utbrister Katten. "Du menar väl inte att JAG kan ses som en del av din förmögenhet och bli beskattad och fördelad!"

"Man vet ju aldrig, du är ju i alla fall ovärderlig för mig", säger jag, men tillägger raskt när jag ser Kattens reaktion, "I ditt fall är det nog ingen risk, om vi väger för- och nackdelar mot varandra."

Bortsett från mat och dygnet-runt-service är närhet, värme och kroppskontakt synonymt med trygghet för katten. Kanske är det så för oss människor också, även om vi inte vill erkänna det?

Det är nog därför han helst sover på eller tätt intill någon som kan tillhandahålla båda delarna. Helst en människa, men i brist på sådan går det lika bra med en annan katt, en häst, ett element eller, i värsta fall, en hund.

Vintertid förvandlas vår katt till en värmesökande missil. Så fort som någon av oss sätter sig, böjer sig ner eller på något annat sätt gör sig tillgänglig, hänger han sig fast där det passar honom bäst.

Det som passar oss sämst är när han väljer att placera sig på axlar och rygg. Då måste vi gnugga av oss honom mot väggen eller någon möbel, vilket inte är det lättaste eftersom han nästan syr in klorna i våra kläder.

"Du bara klagar och klagar", säger Katten och söker värme och trygghet under min varma ylletröja. Eftersom jag sitter vid tangentbordet ser jag det som positivt att jag får tillgång till båda händerna, men när han fortsätter in i vänster ärm blir det genast lite mer problematiskt.

När huvudet passerar armbågen inser jag att jag är illa ute. Om hunden skäller nu kommer katten att göra en rivstart för att fly undan inbillade faror så snabbt som möjligt och med tanke på tröjans konstruktion finns det inte en chans i världen att katten kan ta sig ut genom ärmens nedre kant.

Jag inser att jag antingen måste klä av mig och skaka ut katten eller sitta kvar och hoppas att syretillförseln blir så dålig att han förlorar medvetandet och ramlar ut av sig själv.

Jag väljer det första alternativet.

"Finns det inget annat sätt att tillfredsställa ditt trygghets-behov?" pustar jag uppgivet och lättat när han hamnar på golvet.

"Jag förstår inte riktigt frågan", svarar Katten när han hoppat upp och draperat sig över mina axlar. "Din viktig-aste uppgift är väl att tillgodose mina behov. Jag fryser och vill sova, du är varm och sitter där du sitter, vad är proble-met?"

# Punkt 17.

## Valfrihet och solidaritet.

Valfrihet och jämlikhet är inte alltid möjlig för de svagaste katterna. De som misslyckats med att finna en solidarisk människa med förmåga att uppfylla deras behov får ensamma, utsatta och hungriga kämpa för sin rätt i samhället. I bästa fall kan de få tillgång till en begränsad yta i ett ideellt drivet katthem i förhoppning om att någon som saknar en katt ska infinna sig.

I värsta fall förföljs de, svälter, misshandlas eller dödas.

"Samarbete!! Det är något du måste lära dig", säger Katten. "Samarbete är när två parter strävar mot samma mål och kan du bara inse det kommer allt att bli både jämlikare och mer åtkomligt för mig."

"För dig?" undrar jag. "Hur blir det då för mig?"

"Du måste sluta vara så egoistisk. Eftersom jag bidrar med målet, måste du självklart stå för de ekonomiska förutsättningarna. JAG ska väl inte göra ALLT heller? Att begära det är ju helt ANSVARSLÖST från din sida. Jag KRÄVER frihet från förtryck för att kunna utvecklas. Du kan inte stycka upp verkligheten i små frågor, allt hänger ihop och det slutliga resultatet blir att du som är rik är skyldig att dela med dig av ditt överflöd."

"Men vi är ju själva förutsättningen för er överlevnad", försöker jag. "Utan vårt ekonomiska bidrag, eller så kallade samarbete, skulle ni gå under, eller hur?"

Katten ler, och vässar klorna lite förstrött på soffans armstöd, "Du har inte fattat någonting alls! Du är bara en liten, liten del av ett mycket större sammanhang. Helt betydelselös annat än i förhållande till MIG och min existens. Kollektivets intressen måste alltid sättas före individens!"

"Men det GÖR jag ju", invänder jag. "Vad bidrar du själv med?"

"JAG fördelar rättigheter, skyldigheter och ansvar. Det är en tung börda, men utan mig skulle kollektivet falla samman. Högern, det vill säga hundar och människor, får fördela skyldigheterna och ansvaret som de behagar medan vi katter behåller rättigheterna. Det kallas för JÄMLIKHET och SOLIDARITET, är det så svårt att begripa?" suckar Katten och återgår till sin huvudsakliga sysselsättning, på kudden i soffan. Jag bestämmer mig för att lämna den här punkten okommenterad till dess jag bestämt mig för vad jag tycker.

# Punkt 18.

## Välfärdsvinster och kollektivt ägande.

Katterna var de som först insåg kollektivets betydelse för individen.

Förutsättningen är dock att katten är individen och kollektivet alla andra, som haft oturen att födas som något annat än katt.

Det egna reviret är överordnat de kollektiva anspråken och måste naturligtvis försvaras mot alla som försöker göra anspråk på det. Men om den hårt arbetande människan monterar en kattlucka på ytterdörren, för att underlätta in- och utgåendet medan huset står tomt, betyder det att alla katter i området anser sig ha kollektiv rätt till den välfärd som tillhandahålls när den ordinarie katten sysslar med något annat någon annanstans.

Det anses vara en av de godkända Vinsterna i Välfärden.

Men eftersom den mänskliga kollektivismen innebär att samhällets intressen måste sättas före individens är den fullkomligt ointressant för en katt, som anser sig ha alla rättigheter men inga skyldigheter. Något som gör att ingen katt med förståndet i behåll önskar äga något som medför ansvar. Det överlåter de med varm tass till människorna som därmed är skyldiga att dela med sig efter förmåga till dem som har behov enligt tidigare nämnda regler.

Samtidigt som varje katt anser sig ha rätten att försvara rätten till sin egen människans förmåga mot varje annan katt som anser sig ha samma behov av samma människa?

Det är inte alltid helt lätt att navigera mellan de individuella kraven, det kollektiva behovet och de godkända vinsterna.

Våra katter bor gratis i våra hem. Äter vår mat, både när den serveras eller uppfattas som en egen Vinst i Välfärden. Katterna sover i våra sängar, på oss eller var det än faller sig, hårar ner våra kläder, sprider kattsand över golvet och vässar klorna på våra möbler.

Vi tillhandahåller inte bara kostnadsfri vård, uppassning, total hängivenhet och obegränsat med frihet så att de kan komma och gå som de vill och syssla med det de för ögonblicket upplever som utvecklande för sin personlighet, utan arbetar, betalar och är dessutom också löjligt tacksamma för varje tecken på tillgivenhet.

"Du har en tråkig KAPITALISTISK livssyn och ett OSUNT förhållande till materiella ting", säger Katten när jag påpekar att vårt förhållande inte är riktigt jämlikt. "Det finns andra och viktigare värden här i livet. Du tänker fel. Du är fixerad vid ett trist JAG-tänkande och förblindad av kapitalistisk egoism. Du måste se din egen betydelse i KOLLEKTIVET, jag har behov, du delar med dig och blir lycklig. Utan mig skulle du sakna berättigande i det kollektiva sammanhanget och vara fruktansvärt olycklig. Allt handlar inte om pengar. Förresten, att tvingas BE om självklara bidrag eller rättigheter är också en form av arbete."

Och då minns jag när min kapitalistiska överkonsumtion höll på att kosta katten livet. Dagen då katten, med det kollektiva ägandets rätt, blev inlåst i det överfulla skåpet med alla mina tröjor, sockor, mössor, halsdukar och koftor.

"Ditt överflöd höll på att kosta mig livet", suckar Katten. "Det är alltid de svagaste som får lida i det kapitalistiska samhället."

Det mesta är mitt fel, påminner jag mig själv i en sidoanteckning.

# Punkt 19.

## Rasism.

"Ska vi verkligen ha med den här punkten?" säger jag tveksamt. "Det är en så känslig fråga och oavsett vad vi tycker så kommer någon att bli kränkt eller heligt förbannad. Vi kan väl bara enas om att ingen ska behöva bli särbehandlad på grund av yttre kännetecken, kultur eller religion?"

"JAG är kränkt och särbehandlad på grund av min ras", väser Katten., "är inte det något att ta hänsyn till? JAG tillhör en minoritet!! En etnisk kattminoritet med en månghundraårig kulturgemenskap som nu ska osynliggöras och ersättas av representanter för kattmajoriteten.

Det är i sanning att särbehandla siameserna och förneka dem samma värde som de vanliga bondkatterna som, med människans stöd, påstås kunna ersätta siamesernas särdrag och utrymme utan att visa minsta respekt för vår KULTUR och HISTORIA!"

"Såå illa är det väl ändå inte?" försöker jag. "Det handlar ju bara om att Disneys filmbolag anser att katterna Si och Am i filmen om Lady och Lufsen anses vara nidbilder av asiatiska människor som därför kan känna sig kränkta."

Den Makalöse går i taket, "Si och Am är FÖREBILDER! Genom att gestalta oss siameser som vi verkligen ÄR sprider de också förståelse för VÅR särart och skyddar oss från att hamna hos människor som definitivt inte förtjänar att bära ansvaret för en siames. Vad har en vanlig bondkatt att erbjuda mer än längtan efter ett bekvämt gosedjur? Absolut ingenting, vilket kommer att visa sig när antalet övergivna "sommar- eller coronakatter" ökar på landets alla katthem. Ni människor är inte riktigt kloka! Ni säger att ni vill ha mångfald men kan inte se skillnad på en tecknad katt och en asiatisk människa. Det är inte konstigt att världen ser ut som den gör.

Jag ÄR precis som Si och Am, ser ut som Si och Am, låter som Si och Am och agerar som Si och Am, ska jag då också behöva se mig själv som en nidbild av MÄNNISKOR från Asien? Si och Am ska förbjudas och de som ersätter dem får inte vara siameser? Får SIAMESER överhuvudtaget finnas alls? Står ni människor ens ut med att jag definierar mig som SIAMES eller ska JAG också förbjudas?!!"

Den Kränkte Siamesen lämnar rummet, muttrande en opublicerbar harang samtidigt som han, i ren frustration, välter omkull papperskorgen, river på soffan och attackerar hunden, innan han går och öser ur sand ur kattlådan. Men innan han försvinner utom hörhåll ryter han – "och hur ska ni göra med PERSERKATTERNA och ORIENTALERNA?? Eller Afghanhundar? Ska de OCKSÅ förbjudas och osynliggöras?"

Jag måste erkänna att han lämnar mig svarslös.

# Punkt 20.

## Yttrandefrihet.

Den lagstadgade yttrandefriheten innebär att alla har frihet att i tal, skrift, bild eller på annat sätt uttrycka tankar, åsikter och känslor. Under förutsättning att människor, enskilda eller grupper, inte blir kränkta.

"Men om många som är fullständigt övertygade om att de representerar godhet och mänsklighet blir rasande kränkta av att det finns oliktänkande som de upplever som onda och omänskliga, kan yttrandefriheten också användas för att tysta obekväma röster", funderar jag. "Vilket på sätt och vis gör att yttrandefriheten i sig kan vara ett medel för att tysta obekväma röster och därmed kväva yttrandefriheten?"

"Det där låter fullständigt rubbat", säger Katten. "Tänk ett varv till så klarnar det nog."

Av våra åtta partier är det bara ett som har yttrandefrihet som en särskild punkt i politikprogrammet. Det är Liberalerna som anser att yttrandefrihet är lika viktigt som luften vi andas och att utvecklingen i dag går åt fel håll i många länder, både i Europa och på andra ställen. Yttrandefriheten är förutsättningen för hela vårt politiska system och själva demokratin. Det vet ju varenda katt, men oenigheten är stor när det gäller vilka som äger tolkningsföreträde i flest frågor.

58

Hundar och människor arbetar – katter arbetar INTE.

Katter bidrar med målen – människor och hundar bidrar med medlen.

Katter har behov – människor och hundar har förmågan att uppfylla dem.

Svårare än så borde det inte vara. Men, enligt Katten, så finns det också individer som varken är katter, hundar eller människor.

"Liberaler allihop!" säger Katten föraktfullt. "Små nervösa, bjäbbande, ettriga typer som bara "känner", "tycker" men inte gör något mer märkbart än kissar inne. De saknar helt förmåga att uppfylla en Katts enklaste behov."

"Men så du säger?" reagerar jag upprört. "Liberalerna som har individens frihet som grundläggande värde och kämpar för mänskliga rättigheter, yttrandefrihet, privat äganderätt, religionsfrihet, jämlikhet, demokrati, och ett fritt näringsliv med marknadsekonomi?"

"Det låter bra, det känns bra och det är fint att säga", säger Katten ironiskt. "Men vilka är det som kommer svansande och tar för sig av kattmaten, katternas rättigheter, katternas privata äganderätt till hem, kuddar, sängar och begreppet gullighet? Jo, små nervösa, ettriga typer som ligger i sängen och bärs omkring i handväskor! Liberaler allihop!"

"Du har fördomar", säger jag sorgset. Men eftersom jag är människa och Katten är katt så inser jag att jag är skyldig att acceptera och respektera kattens behov av och rätt till

59

"frihet att yttra och föra fram åsikter utan censur, begränsning eller någon typ av bestraffning".

"Det är det som är grunden för demokrati!" säger Katten. "Men samtidigt som ni människor strider för full yttrandefrihet, strider ni också för att tysta dem som tar sig friheten att yttra något ofördelaktigt om fel personer, partier eller grupper? Förklara det om du kan?"

Men det kan jag ju inte eftersom det alldeles här och nu talas om att förstöra en hel upplaga av en bok som innehåller obekväma sanningar och dessutom har ett olämpligt bokomslag?

Jag antecknar att det är bekvämast med LAGOM yttrandefrihet.

"Har du alldeles förlorat förståndet?" fräser katten och avreagerar sig på en fåtölj.

# Punkt 21.

## Äldreomsorg och döden.

Katterna har ett enda samlande parti, KVP(m), som består av pälsklädda egoister som förhåller sig till varandra, och oss, efter vilken nytta de kan ha av sina medkatter/medmänniskor.

Vi människor har åtta riksdagspartier som är rörande eniga om att Sveriges äldre förtjänar att få världens bästa äldreomsorg. En sammanfattning av deras inställning är att: alla människor ska kunna åldras med värdighet därför att äldreomsorgen berör oss alla och alla äldre ska kunna vara aktiva och må bra så länge som möjligt. Äldre ska få bestämma själva över sina liv och sin vardag, välja vem som kommer och städar i hemmet eller vilken typ av boende de ska på bo på. De sista åren i livet ska vara precis lika värdefulla som de första och alla ska få ett värdigt bemötande, ett tryggt boende och nära till läkarkontakter eftersom rätten till självbestämmande är lika viktig oavsett ålder.

Trots det verkar äldreomsorgen fungera ungefär lika bra, eller dåligt, för katter som för oss? Kanske har Katterna till och med större möjligheter än oss människor att få förstklassig omsorg, vara aktiva och må bra så länge som möjligt samt att få åldras med värdighet i ett tryggt boende med nära tillgång till veterinärkontakter?

"Det där är ju bara ord!" fnyser Katten. "ALLA tycker så, men du menar väl inte att du tror att det verkligen ska hända? Att alla ska ha trygga och meningsfulla liv intill sista andetaget, ingen ska dö ensam, ingen ska leva isolerat och ingen ska känna oro när de inte längre klarar sig själva! Vilket skämt!"

"Vi måste bry oss om varandra", säger jag djupt engagerat. "JAG kommer att bry mig om dig när du blir gammal och se till att du inte lider brist på någonting."

"Alla Katters skapare, kom och hjälp mig!" himlar sig Katten. "Det kan du väl inte lova. Det är de som har levande anhöriga som kanske värderar katten efter förtjänst, men en katt som blir ensam kvar har inte mycket att hoppas på. Du kanske försvinner först och vad händer då med mig? Va, va, va, kan du svara på det?"

Det kan jag ju naturligtvis inte, vilket för oss fram till att Katten och jag har helt olika förhållningssätt till döden.

Vi människor lever betydligt längre än katter. Tror vi i alla fall, samtidigt som vi påstår att katter har nio liv. Det borde få oss att tänka efter, påstår Katten som inte förstår mitt förhållande till döden.

"Ni människor är rätt märkliga. När det gäller katter, hundar och till och med hästar finns det ingen hejd på vad ni är villiga att göra eller betala för att få skjuta upp döden för en väldigt gammal, orörlig, vårdbehövande fyrfota vän. Även om det bara handlar om en kort tid.

Men när det handlar om era egna gamla så verkar det som om döden alltid kommer som en befriare när deras åldrande blir för besvärande och krävande?"

Om jag ska vara ärlig så har han en poäng. Av någon anledning är jag mer beredd när en familjemedlem drar sitt sista andetag på grund av ålder. Det har till och med känts som en lättnad vid ett tillfälle när jag upplevt att livet varit det sämsta alternativet. Men varje gång en älskad fyrfota vän åldrats och närmat sig stunden för avsked, har jag gjort allt för att fördröja ögonblicket då allt är för sent och kraften i känslan "aldrig mer" slår till med full kraft. Jag gråter floder, går sönder bit för bit och lämnas med ett värkande hål i hjärtat vid varje förlust.

"Du överdriver så förfärligt", säger Katten medlidsamt. "Det finns ett 'Innan vi föds' och ett 'Efter vi dör', konstigare är det inte. Det är faktiskt samma plats. Två dörrar i evigheten, om det blir lättare att förstå. Du hänger upp dig på 'efteråt' och ägnar inte en tanke åt 'innan'. Jag vet inte hur det fungerar med människor, men vi katter dör inte, vi återvänder till den plats vi kom från. Minst nio gånger!"

"Det låter trevligt, men inte särskilt troligt", säger jag.

"OK", säger Katten. "Jag VET att alla katter kommer från samma ställe. Vad är det då som talar emot att vi återvänder till samma plats? Det vi kallar liv skapas FÖRE och fortsätter naturligtvis EFTER. Det som pågår däremellan är det som ni TROR är hela livet, men som vi bara ser som något tillfälligt."

"Jag tror inte riktigt så", svarar jag. "Du föds, lever och dör, sedan är det slut. Mer är det nog inte."

"Du är alltså bergsäker på att det inte finns något efter det du kallar döden, men funderar aldrig över vad som fanns INNAN du föddes?"

"Nej, jag gör nog inte det. När vi skiljs åt är det för evigt och det är fruktansvärt för den som blir lämnad ensam kvar", säger jag som minns, sörjer och saknar alla jag har förlorat.

"Jag tycker inte att vi ska ha med den här punkten", säger Katten tveksamt. "Du blir bara ledsen och det känns som att det blir lite jolmigt och överdrivet."

"Du fick ta med Kartongerna", invänder jag. "NÅGOT kan väl jag också få tycka, det är ju ändå jag som gör hela jobbet."

"Jag kan knappast hindra dig", svarar Katten. "Trots att jag betvivlar att någon vill veta hur hjärtskärande överdrivet och våldsamt du kommer att sörja mig den dag jag bestämmer mig för att vandra vidare."

"Du då?" undrar jag förhoppningsfullt. "Skulle inte du sakna mig?"

"Ge dig nu", suckar Katten. "21 punkter är ett jämnt och bra antal och jag röstar för att vi avslutar det här projektet och går och inventerar kylskåpet i stället."

"Varför då?"

"För att JAG har behov och det är bara DU som har förmågan att öppna dörren innan lagen om kattluckor i kylskåpen träder i kraft."

Jag slår ihop den röda anteckningsboken, lägger den i en låda och så går vi tillsammans in i köket och inventerar vårt gemensamma kylskåp.